黃昏時不要打開課本

黃昏時不要
打開課本 01

世界就像是一個巨大的泡泡，

讓人分辨不出來，
我是在泡泡的裡面還是外面⋯⋯

今天來談談最近很紅的
「恢復聯考大聯盟」吧！
你們一定在想，
拜託老莊，別跟風啦——
但我不是要跟風，
我要爆料精彩內幕給大家聽。
大聯盟推出的課本，
越來越多人說，他們
翻著翻著就看到奇怪的幻覺。
有人開始擔心，
台灣要毀滅了嗎？
這時才開始改革教育，
來得及阻止嗎？
這些都是有原因的。
我找到充分的證據，
從一百年前就有預兆……
大心！
嘿，
林大心！

幫佔位謝啦！
沒想到你會來
參加大聯盟的集會耶，
我好感動喔！
咦？
為什麼？
那些怕改革會帶來階級流動的
既得利益者，
不是各種抵制我們嗎？
你家那麼有錢，
卻願意支持大家，
那些人眞該向你看齊！
哈哈哈講這成樣
也太誇張……
我只是
實話實說！

其實我只是不想
表現得不合群罷了！

恢復聯考大聯盟
是近期討論度最高的話題。

尤其是很多年輕人陷入
前所未有的狂熱。

大家的狂熱已經到達
匪夷所思的地步。

各種集會、講座接連舉辦，
大聯盟推出的限量版課本
更是成為炙手可熱的珍品。

甚至還有幾個網紅
在開箱大聯盟推出的課本後，

堅稱做了神奇的預知夢，
說這場教育改革必須成功，
不然台灣會被捲入世界級大災難！

超扯。

雖然質疑真實性的聲音不小，
但也引發一波討論的熱潮。

要成立大學分會的話，
會長人選當然要提名——

林大心！

大家聽我說，
大心不但是資優生，
每年拿獎學金不說，

還是那個超有名的
林建宏教授的兒子喔！
蛤？？？

交頭接耳
那個跨國科研企業
宇宙心的林教授？
天啊好酷喔～
窸窣
有聽說他兒子讀T大，
沒想到他也支持大聯盟！

窸窣

林大心當會長的話，
搞不好能拉到
宇宙心的贊助耶。
這樣我們在大聯盟的
地位會一飛衝天吧，
超讚的啦！
等、等等……

大心，你快在
連署表上簽名吧？

簽了啦、
簽了啦！
欸你們先
冷靜？
大心學弟，
原來你在這。
下學期第一堂
社課就翹掉，
很囂張喔。

抱歉了大家，本社
不能沒有這位酷同學。
所以剩下的討論
請自便吧。
雖然，我覺得這種
只會靠爸的計畫，
不可能成功就是了。
還是靠
別人的爸呢。
什麼？大心，你要丟下
我們去上社課？

文史社？沒聽過的說…

文史…是說那個死都不肯
換到新大樓去的鬼屋社團？

啊，那我就有印象了。
聽說社員都是怪胎的社團！

到這應該
差不多了呢。
恭喜學弟，
你自由囉！
哇太棒了！
謝謝學姊——
——不對啦！
為什麼要幫我解圍？
還用那麼惹人注目
的方式……
我和學姊
是第一次見面吧？

確實是第一次見面。
所以，這只是偶然喔。
至於惹人注目，
反正大家早習慣
文史社特異獨行了。
你要是非得
融入大家不可，
現在回去說
我搞錯人了，
也還來得及喔？
我先回
社團教室了。
不然第一堂翹課的
要變成社長我了呢。

……

只是偶然？

學姊看起來不像支持大聯盟，
也不像怕被排擠，
為什麼還會去參加集會呢？

喵！
嗨，喵阿妮。

問妳喔，我明天想去文史社看看，
妳說好不好——
啊！
邊緣到找貓討論，阿妮一定覺得我很蠢。
哈哈…
……
今天是老爸回來的日子，也許我該和他聊聊學校發生的事？
大心必讀

看新聞，老爸的公司
好像又有新項目，
訪談、演講
也很多……
也不知道身體
要不要緊。
上次和老爸見到面是
什麼時候的事？
竟然有點
想不起來了…
叩叩

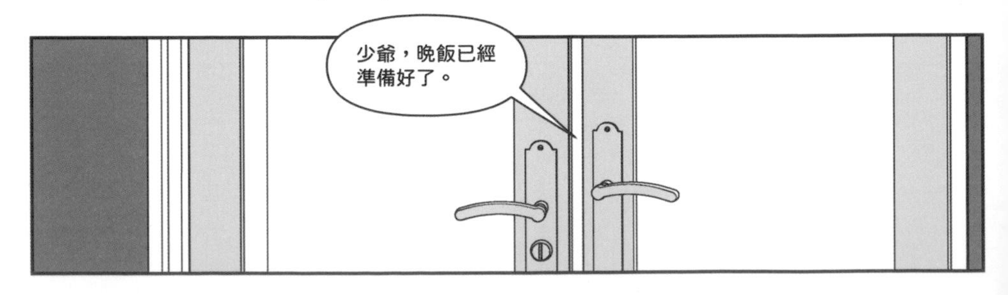
少爺，晚飯已經
準備好了。

……
抱歉，老爺臨時
才來訊息，
他說，宇宙心的新項目
太忙，這個月恐怕又
不能回來……
晚點回個訊給他吧？
他還不知道你上學期
又拿了獎學金呢。
……

少爺……
陳桑不用抱歉啦！
既然只有這些盤子，等等我一個人收拾就好，你去忙吧。
謝謝孟小姐提醒，我都忘記還沒和老爸報告成績。
我與有榮焉呢！這下總算沒辜負建宏的請託。
哪裡，一開始還不都靠孟小姐幫我補習功課…
…是啊，不管是照料生活起居，或者補習功課，
老爸都沒有參與。
我眞的很蠢，怎麼會覺得可以找他談心呢？

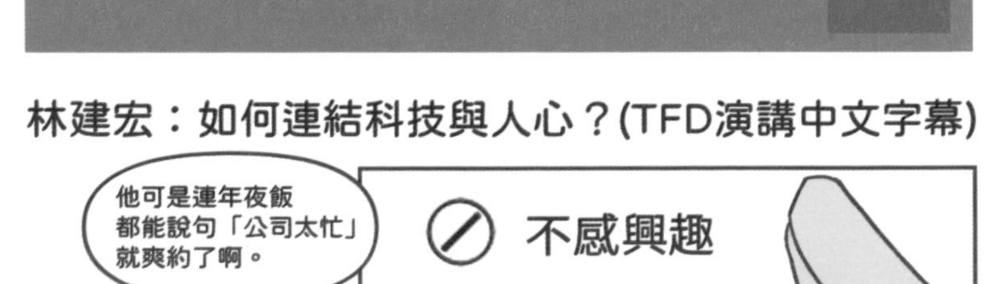
林建宏：如何連結科技與人心？(TFD演講中文字幕)
他可是連年夜飯都能說句「公司太忙」就爽約了啊。
不感興趣

大家都有熱衷的事情。
忙工作，忙改革……
莊若蝶學姊是不是也
熱衷於社團呢？
咦？
我為什麼又開始
想學姊的事了啊？

莊周！
你、為、什、麼
在直播上搞爆料！
還被做成精華
剪輯瘋轉！
因為我要是在
正式影片裡面講，
一定會
被你剪掉啊。

喔？你也有
自知之明嘛！
計畫好不容易
進行到這裡，
現在被你搞這一齣！
氣死！看我通通檢舉！
哈哈，拿粉絲
出氣不對吧～
誰不對在先？
早知就不該
跟你合作！
別那麼無情嘛，
你明明也
玩得很開心吧？
這些用深偽做出來的
假網紅，湊一湊都夠
寫出第二本聊齋了吧？

蒲松齡。
說過了，
別跟我提聊齋。

嘖嘖…
這合成人臉
有夠維妙維肖！
也別想轉移話題。
你再這樣亂搞……
好好好，
別吃醋嘛——
蛤？

你是在不爽
我用直播藉機釣正妹，
對不對？
先聽我解釋。
我之所以釣小蝶，
是因為她…
其實是我莊家後代！
啊？後代？
你認真？
沒錯，
全名是莊若蝶。
我們鬧成這樣，
她肯定會注意到的。
不知道我莊子的能力，
她繼承了多少呢？

傳聞沒說錯。

文史資料
轉化社
文史社社辦
真的超像鬼屋啦！

然後……

這女生
為什麼和我
一起等在門外？
嗨，妳是文史社的
社員嗎？還是…

！？

嗯？你們
要入社嗎？

不是啦，我就是突然想來看看…

大家說文史社都怪人，
其實社員也只有
學姊和那個男生？
那位是葉小言，
和你一樣是大一。

唰——
你好！
我叫林大心！

……
咚.
好、好冷漠？

嗯？
桌上這本書⋯
好像
有點眼熟？

大聯盟出的那個課本？可是怎麼這麼舊，像真的古董。
因為它就是。
呃，大聯盟課本不是今年一月剛印的嗎？
↑展現惡補成果
你手上的那本，正是大聯盟課本的原型。
不知道被誰偷去當設計樣本，昨天才拿回來的。
傷腦筋呢。

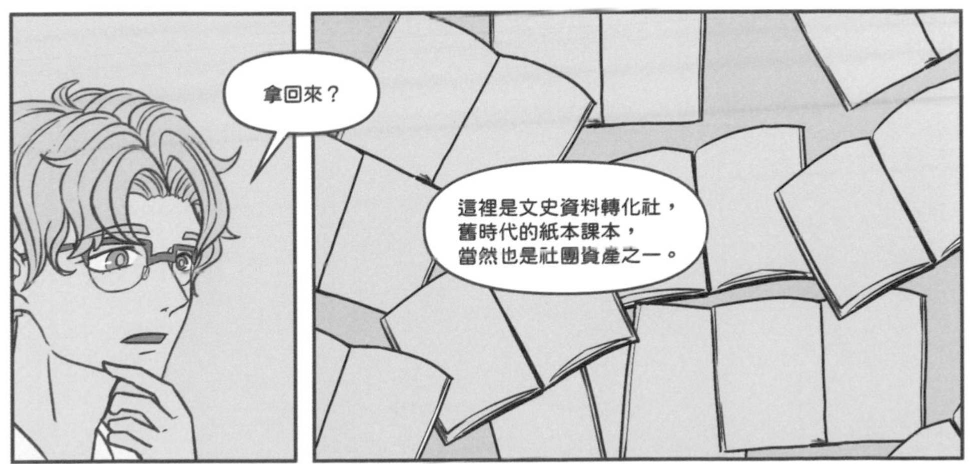
拿回來？
這裡是文史資料轉化社，舊時代的紙本課本，當然也是社團資產之一。

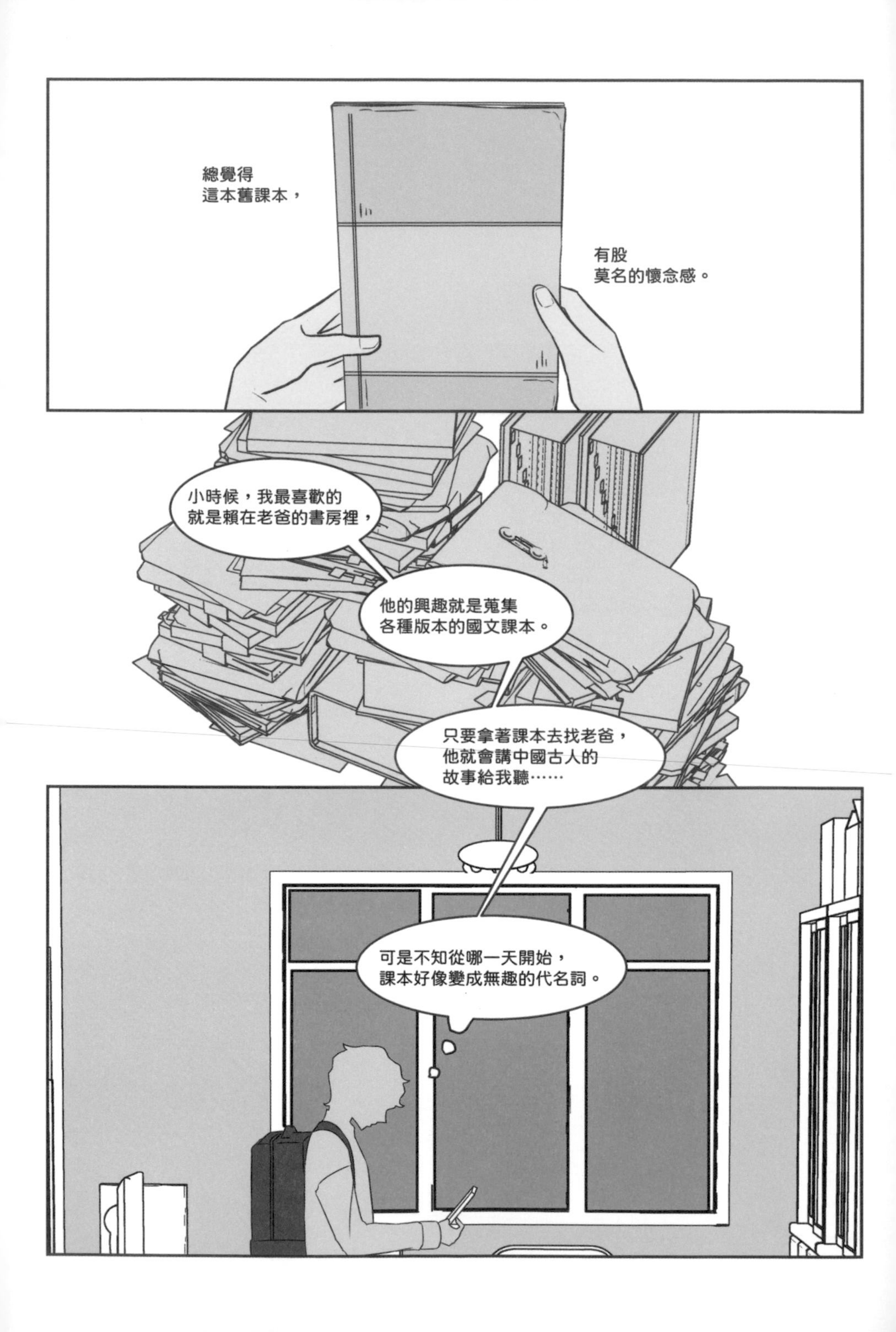
總覺得
這本舊課本，
有股
莫名的懷念感。
小時候，我最喜歡的
就是賴在老爸的書房裡，
他的興趣就是蒐集
各種版本的國文課本。
只要拿著課本去找老爸，
他就會講中國古人的
故事給我聽……
可是不知從哪一天開始，
課本好像變成無趣的代名詞。

高中以前，沒有目標，
覺得外面一切都很亂，
只好埋頭苦讀。
結果上大學以後，
周遭的人都找到想做的事情，
自己反而不知道要做什麼——
可是不知不覺，讀書卻
淪為我逃避和周遭互動，
粉飾太平的泡泡。
翻
開

是錯覺嗎？
課本怎麼好像
在發光？

我是什麼時候回到家的？
窗外黑漆漆的，遠方
好像是一片廢墟……？
大心，
不要再分心了。
孟、孟小姐？
對，我就是被派來
指導你寫功課的孟媽媽！

黃昏時不要
打開課本 02

孟小姐妳怎麼
變成這副模樣？
寫功課？
都上大學了
還寫什麼功課……
咦？
我是什麼時候
上大學的？

大心乖，學生的本分
就是好好讀書寫功課啊。
要趕快把學校功課寫完，
才有時間做題庫。
顯然這個房間會
讓你不專心。
我們換一間。
這裡不適合，
整天吵吵鬧鬧。
這裡也很糟！
烏煙瘴氣！
喔，這裡很好，
可以看到T大。

快點寫，寫完記得檢查，
檢查好再找我改。
要上全台灣最好的大學，
就一定要和下面那些人一樣認眞！
不對，要比他們更認眞！
我看得出來，你心不在焉，
現在最重要的就是好好考試。
所以不要再亂想些有的沒的。

除了考試外的東西，
都別想了！
可是考上以後呢？
上大學後遇到課本上沒教過的事情，
我要怎麼弄懂它們？
大家都有熱衷的事情，
我就這樣躲在泡泡裡，
真的好嗎？

林大心，
你是吃錯什麼藥？
為什麼今天一直頂嘴？
為什麼突然這麼不聽話？
為什麼不多體諒
父母的辛苦？
你爸派我來照顧你，就是要
讓你心無旁騖地待在泡泡裡，
過安穩快樂的生活。
可是我不覺得
我爸——
孟媽媽不會害你！

孟媽媽是為了你好啊。
你爸這麼愛你，你應該多為他想想！
跳出
阿妮！
妳怎麼會在？
妳自己跑回來了？
喵。

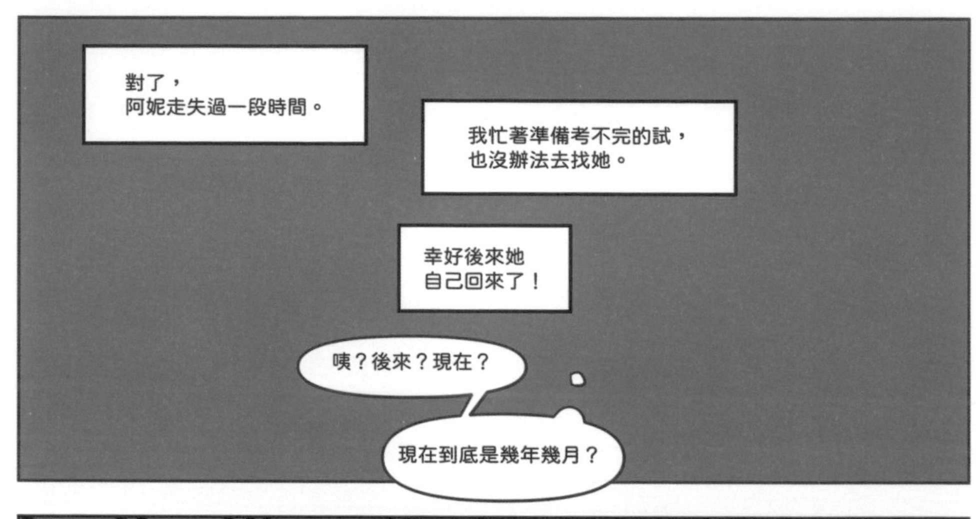
對了，
阿妮走失過一段時間。
我忙著準備考不完的試，
也沒辦法去找她。
幸好後來她
自己回來了！
咦？後來？現在？
現在到底是幾年幾月？

林大心！
你如果要這樣不聽勸，我——

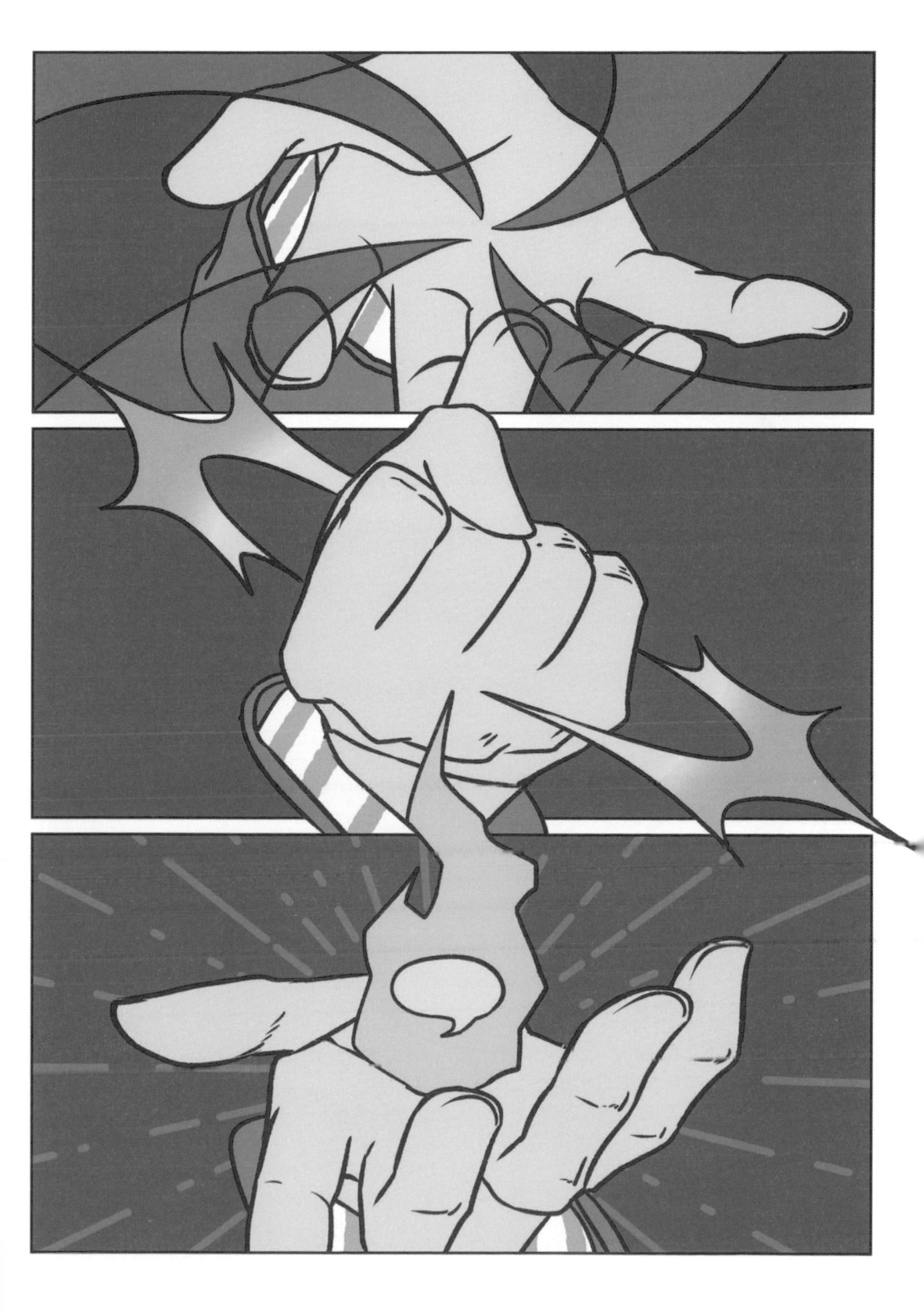

孟小姐。
風向已經改變了。
情緒勒索早就不管用，
還請適可而止。

莊周夢蝶

沒想到，大心學弟眞的
和這一連串事件有關。
甚至可以說是
事件的中心。
他會遇上我，
會找到我們社團來，
乍看是偶然，
實則是命中注定。

今天社課就到此為止吧！
我和小言
有事要去處理。
這位同學，
妳——
打算留在社團
陪他嗎？
哼……
偶爾陪奴才玩耍，
也是主子的責任。
我就
奉陪到底吧！

太好了。因為我有
不少問題想請教呢！
不管是妳的身分，
或者妳對
方才所見所聞
毫無疑問的原因。
不過在那之前，
回答大心疑問的工作，
就先交給妳囉！
哼。

尷尬，找不到時機起來！
其實我剛剛就醒了……
剛剛那個奇怪的夢
是怎樣？怎麼那麼逼真？
難道黃昏課本的傳聞是真的？
我以為只是網路上在亂掰！
可是學姊為什麼說
我是一切的中心？
我什麼都不知道啊？
那個小個子好像
知道些什麼。
等等會跟我解釋嗎？
呃呃她在幹嘛？
玩紙箱？
不管了！我還是
先起來再說——

嚇！
…咦？人呢？
我沒聽到開門
關門的聲音啊？
這是……

今天這場演說
很重要，

沒錯沒錯，
超級重要～
成功的話，就能把
恢復聯考行動
推廣到同溫層外。
你們四個沒問題吧？

蒲大，我們
一定會好好幹！
只是……

……

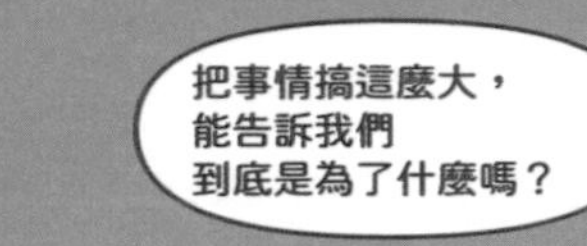
把事情搞這麼大，
能告訴我們
到底是為了什麼嗎？
對對，把事情
搞大一點……

哦。

人一般來說
都是虛偽的。
虛偽的重點
不在道德，
而是人為。
人會幫自己
加上許多咒。
聖人咒、仁義咒、
禮法咒……
人類自己擅自
想像出這些咒，
再擅自責怪世界，
怎麼沒按照
這些咒運作？
所以，我們搞這些，
就是為了把咒給破除！
？？？？？？

你講了跟沒講一樣！
他們是在問，為什麼要鼓吹恢復聯考？
喔，是問那個啊……

咳哼！
這個社會對於用教育促進平等，有病態的執著。
教育能反映社會是否平等嗎？可以！
那教育可以促成平等嗎？
不可以！
要讓社會變平等，直接做就是了。
肖想靠教育咒，是不會有成果的。
所以我們鼓吹聯考，是為了讓大眾醒悟！

也沒那麼厲害啦！
其實我只是
好了好了時間也差不多，
你們快去會場待機吧。
別跟他們說什麼
「只是想釣年輕正妹啦」
的蠢話打擊士氣。
哈哈，又不是普通正妹，
那可是莊家後人耶！
不趁我還在「這邊」時
會上一會，太可惜了吧？

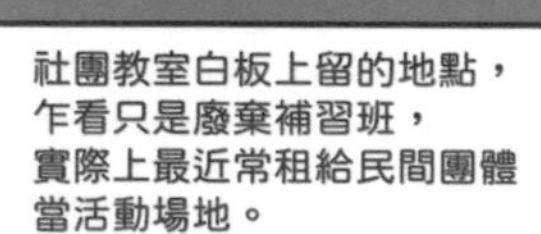

那個時間，
則會舉辦他們近期最大的
一場造勢活動。

說是造勢，官方粉專
根本沒放出活動公告，
只靠奇異老莊之類的網紅
在直播中宣傳，限縮參加者來源。

搞得好像什麼VIP限定的
線下集會一樣……

把各種線索
聯繫起來的話……

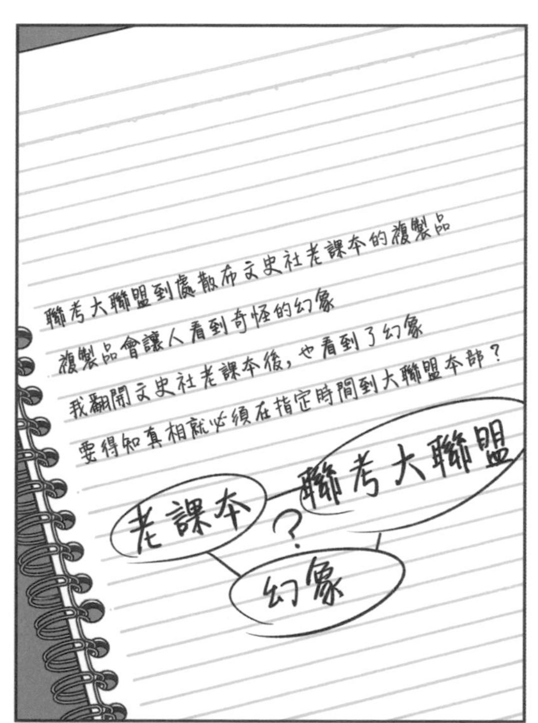

只是，這次沒有
出現幻象。

與之相對，
映入眼簾的是……

如今災難降臨，
先前運用碳吸儲庫(carbon sink)技術、
包裹住陸地的泡泡意外派上用場。
世界被一分為二，
我們終於有機會讓其中一個世界全然失序，
另一個則保持完美。

只是，完美社會必須
達到絕對穩定。
不能發生巨大的改變，
更不能讓泡泡裡的人發現，
外面世界已經毀滅。

我在社團翻開課本時，
的確正好是黃昏。

那個夢一樣的幻覺，
就是執念帝國嗎？

宇宙心是
老爸的公司。
難道……
大心必讀

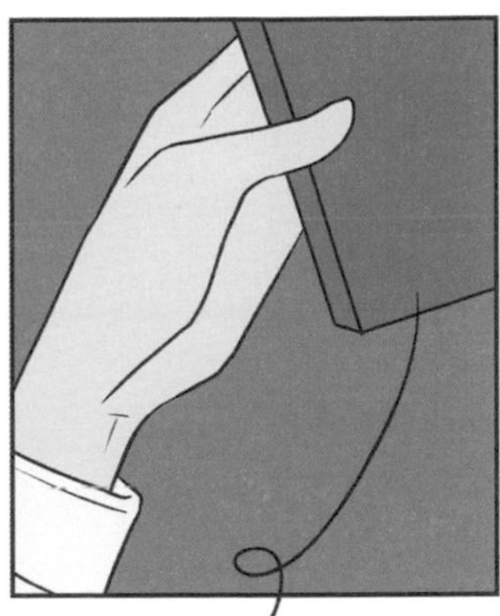

唰
啦

大心，當你看到信的時候，
我已經不在這裡了。
雖然留了個替身下來，但那是我也不是我。
可能要先和你說聲抱歉，
事發之後，我幾乎無法照顧你。
不知道正在讀信的你已經幾歲，是什麼樣子？
那一年，世界發生了巨大的災難。
我能做的只是用完美泡泡把大家保護起來，
控制災難，不要讓它入侵到泡泡裡面。
剛好在那之前做的很多仿生人，可以派上用場。
這些仿生人，可能你現在也經常看到他們。
希望如同我當初設定的他們都有乖乖聽話，
讓社會保持在災難降臨前的樣子。
我希望你能一直待在有完美泡泡保護的世界裡，
盡情學習那些有趣的事物。
但意外總是來得突然，
也許你比我想得更加有冒險精神，想要挑戰未知。
所以，我把仿生人的資料，
還有得知世界真相的鑰匙都留給了你。
雖然我不能陪在你身邊，但你要相信，
我衷心希望你能快樂！

老爸…
沒想到眞相
竟然是這樣？

等等，這些仿生人
資料——

這不是
Youtuber老莊嗎？
老爸說現在仿生人
隨處可見，
想不到竟然……
不行，我得再多
調查看看！

我們在創造新時代耶！
很感動對不對？
可是有人說，
四十年前的聯考時代，
社會也沒比較平等啊。
別被那些酸民
帶風向啦！
眼光要長遠！當上聯盟幹部後，
可以代表大聯盟去選立委喔？
這種好機會
絕對沒有第二次！
那倒是眞的……

混在參加群眾裡進來
是很容易，

各位！

你們會在這裡，都是受夠版本
多不勝數的民間課本了吧？
看，這是國立編譯館
的國文課本！
以前只有一個國家編的版本，
我們才知道什麼是正確的。
用同一本課本，
考同樣的題目，
那才叫作公平。
聯考就是公平！
年底選舉，大聯盟會
提出兩個公投，
要政府恢復聯考！
恢復課本！

恢復聯考！
恢復課本！
課本就是社會縮影！
唯一的課本，
唯一的道德與知識，
才能讓大家
知道自己要遵循什麼！
那些提倡多元價值的，
都是想搞亂秩序，
趁機削錢的臭商人！
任由商人和政客為非作歹，
國家怎麼會好？
好的國家，就該有國家課本！
我們只要
國家課本！
我們只要
國家課本！

這邊已經準備好了，
準時開始吧。

了解。

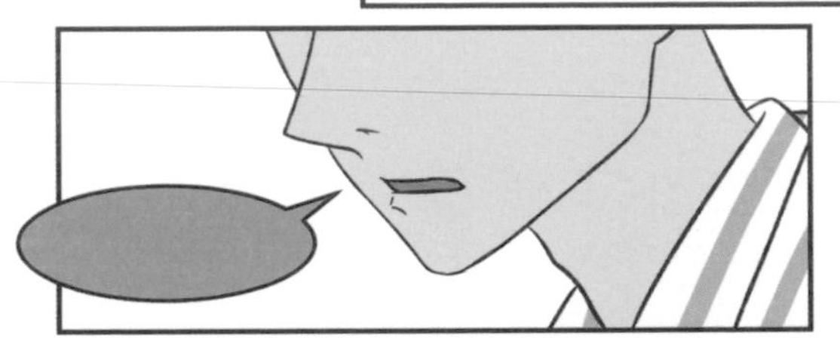

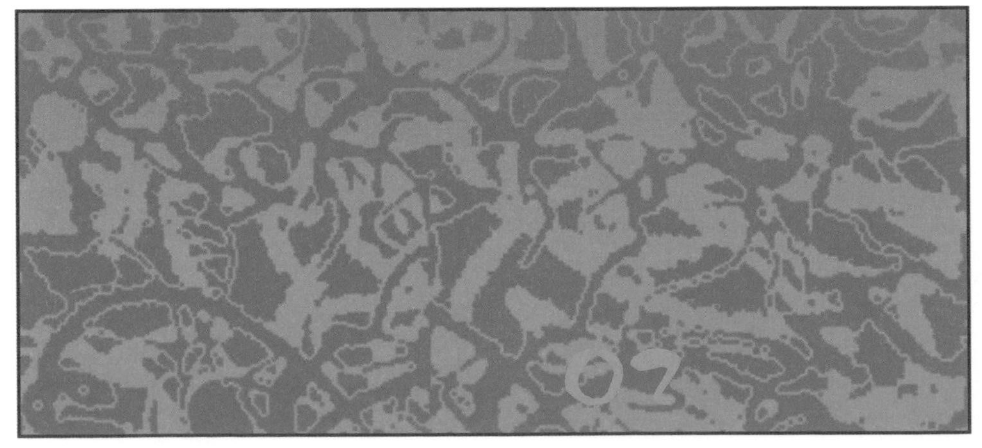

怎麼突然
安靜下來？
想請教一下，
這本課本，
有電子化的
配套措施嗎？

對耶，好像都
沒提過這塊……
不發行電子版本
跟不上國際趨勢吧？
蛤，回歸聯考就是要
讓課本變得單純啊！
沒錯！弄在螢幕上，
學生怎麼專心？

環保不就該從
教育開始落實嗎？
環保只是
假議題啦！
大、大家請冷靜……

蒲大，不知發生什麼事，
會場輿論突然失控了！
這下子讓所有人
在黃昏時打開課本
的計畫恐怕……
回報得太慢了！

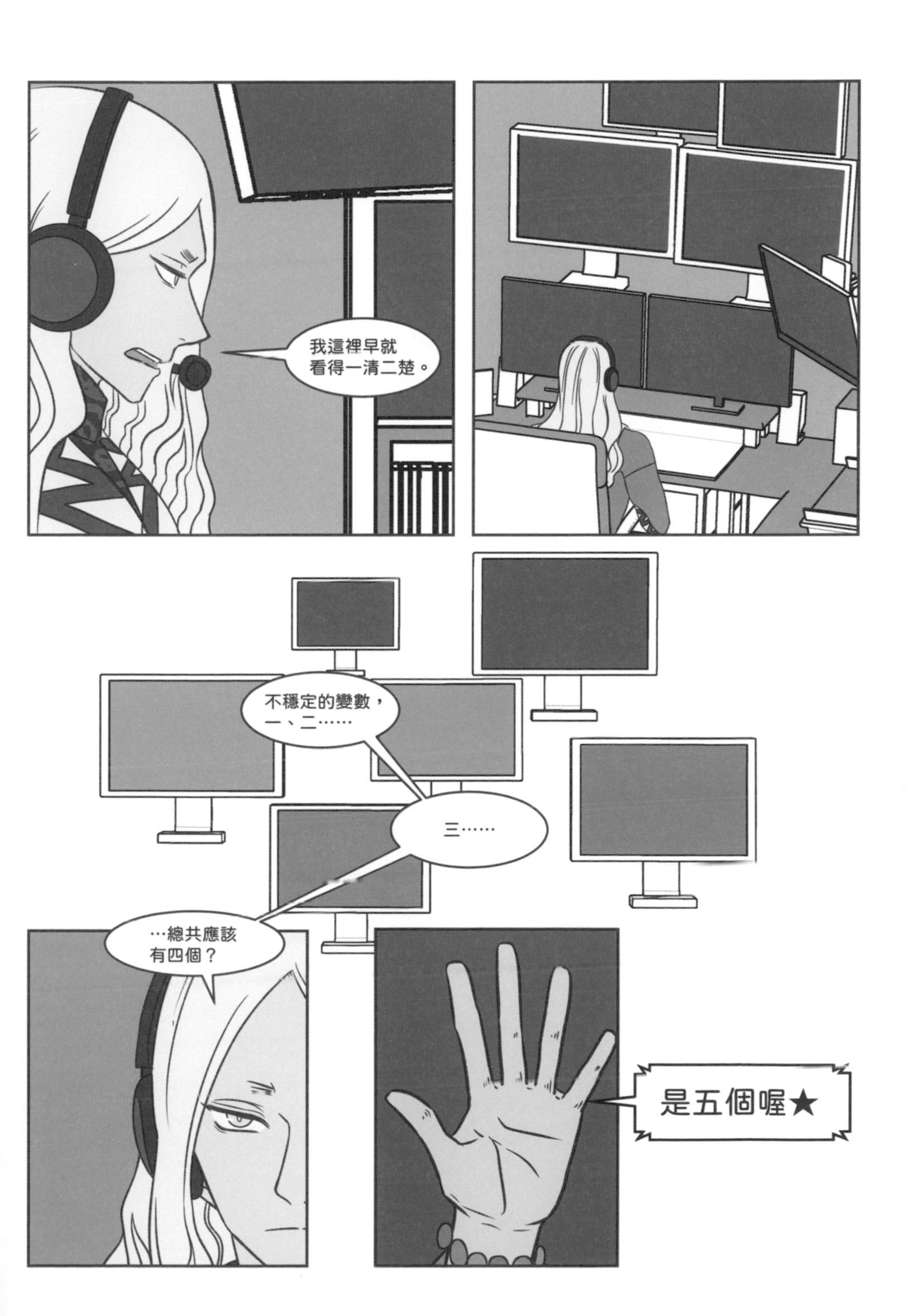
我這裡早就
看得一清二楚。
不穩定的變數，
一、二……
三……
…總共應該
有四個？
是五個喔★

莊周那傢伙…！

莊周的第125代傳人，
將在這個混亂的世界裡，

分辨出眞實與譫妄——

嗨，

聽說妳是我的
後代子孫？

可惡，離頂樓
只差點了說！

還有其他路嗎？
是妳！？
妳怎麼有辦法
從對面開門？
那有什麼難。
貓當然有自己的
秘密通道嘛。
……
是說妳不跟我
一起上去嗎？
我睏了。

所以要先去
睡個午覺。
哪有人六點睡午覺的！
妳是我家的貓喔！
唉。
總之還是謝謝妳。
能告訴我妳的名字嗎？
這個嘛，
你的貓叫什麼？
…喵阿妮。
哼哼，那，
就叫我苗阿妮吧。
噠噠…
雖然姑且改了一個字，
還是好想告妳抄襲！

不管了，
苗阿妮同學既然在這，
代表頂樓確實有答案在等著吧？
只要打開
那扇門……

！

砰咚！

呃，學學學姊？
嗨？
大心學弟？
你怎麼會跑到這？
我是看到白板上
的留言——

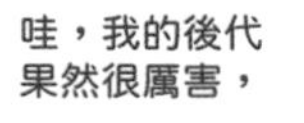
哇，我的後代
果然很厲害，
甚至讓林建宏的兒子
自己找上門來了！

這聲音……
是Youtuber老莊！？

別那麼見外啦！
是在害羞嗎？
少來，你根本
不可能是
眞正的莊子。
你身上那些虛假之氣，
我看得清清楚楚！
哈哈……
看來妳「心念」的能力
雖然厲害，對萬物的理解
卻還有待加強呢。
嘖！
學弟，
抓緊我！

學弟，你說有留言
要你來這裡？
上面蓋了個貓掌印章，
我猜是喵…苗阿妮同學。
我來之前有
做過功課！
剛剛那個老莊，就是
恢復聯考大聯盟的主使者吧？
仔細調查後發現，
以「奇異老莊」的頻道為首，
大量的網紅都是按照一定頻率，
輪流發表和聯盟或課本有關的意見。
無論是捧是踩，
那個頻率都足以
讓話題延燒不斷。
所以他們不是在跟風，正好相反。
就是他們把這個議題炒熱的！
研究得很徹底嘛！
但他之所以這麼
做的理由……

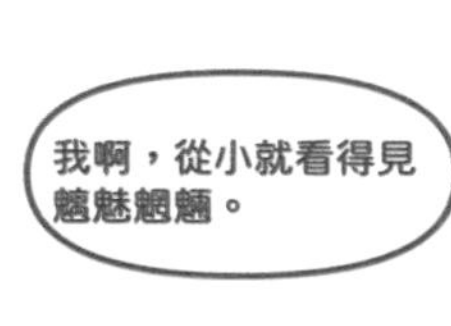

妳該不會是在說……
「完美世界計畫」中，
維持社會穩定用的仿生人？

你已經讀過那本
林建宏教授的課本？
嗯，我還讀了他
留在家裡的研究資料。
完美泡泡必須達到絕對的穩定。
科技、思想都不能躍進得太快。
所以必須在社會中大量混入
可以控制輿論的個體。
老爸的筆記裡面是這樣寫的。
他還說黃昏課本是阻止
失控仿生人的最終手段……
我想，他可能也把
啟動課本的權限留給了我。
大心學弟。
那本課本應該
是你父親刻意留給你的。
林建宏教授，
就是文史資料轉化社的
第一任社長。

社團裡到處都有
他留下的筆記。
他相信命中注定的偶然，
會讓你也來到這個社團，
取回他留下的禮物。
你算是被迫捲入
風波的中心，
但是現在抽身，
說不定還來得及。
其實……
那時在社團教室，
我早就醒了。
聽了你們對話，
再看到我爸的課本，
就一直在思考。
我和我爸不熟。
十歲起他就越來越少回家。
如今我對他的認識，
可能不比外人多多少。

但是，那本課本
讓我想起來了。
小時候和老爸一起
讀書的日子，
我從沒忘記。
老爸喜歡研究古人思想，
把它們講得活靈活現。
他教我只要從各種角度思考，
紙上的文字都能應用在生活。

嗯……萬物要被感知才存在？之類的。
就好像「用人腦運算的虛擬實境」？
你很有慧根嘛！
換句話說，只要操縱感知，就能生成萬物！

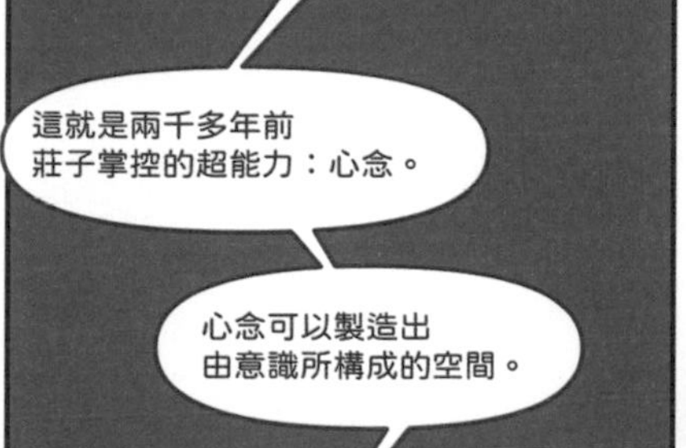
這就是兩千多年前莊子掌控的超能力：心念。
心念可以製造出由意識所構成的空間。

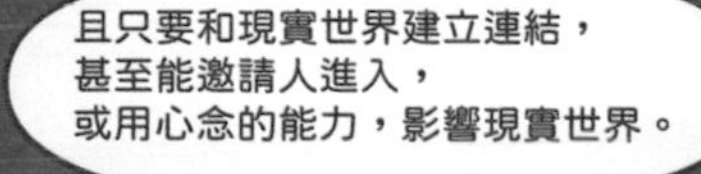
且只要和現實世界建立連結，甚至能邀請人進入，或用心念的能力，影響現實世界。
你現在就在我的心念空間裡喔。

沒錯。莊子是開創人，但這能力並非莊家獨有。
莊家的使命，是謹記開創者的理念，不讓心念被濫用，破壞大家生活的現實世界。

心念空間……假設老爸掌握了心念的力量，還和科技結合到一塊，製作出黃昏課本。
可是，
因為它是課本，所以透過炒作聯考的一連串行為，複製品就這麼廣為流傳。

文史社的正本，
是被偷去複製的吧？
而且老爸在課本上寫說，
完美世界需要維持穩定，
甚至不惜做出一堆仿生人
來控制社會進步。
一邊鼓吹恢復聯考讓社會停滯、
維持穩定，一邊用有心念力量的
黃昏課本製造混亂，這樣不是
自相矛盾嗎——
不錯喔，林大心。
能推到這一步，
林建宏要是知道，
應該挺欣慰的吧。
可惜你的推理
該告一段落囉！

碎裂

糟了！是老莊
的心念能力！

Youtuber老莊！
你到底是誰！

網紅？
意見領袖？
聯考大聯盟的幕後黑手？
中國古人穿越？

哈，剛剛都推理到那樣了，還不知道答案嗎？

你眞是我爸
做出來的仿生人？
結合教育系統……
因為他最喜歡中國古人，
所以就把你設定成莊子？
BINGO★
然後就像電影最愛演的，
傲慢人類做出來的小玩具，
現在準備造反啦！

大心學弟，聽我說，
你比自己以為的
還有力量！
現在正是你發揮的時候！
可我沒有超能力——
我不會心念啊！

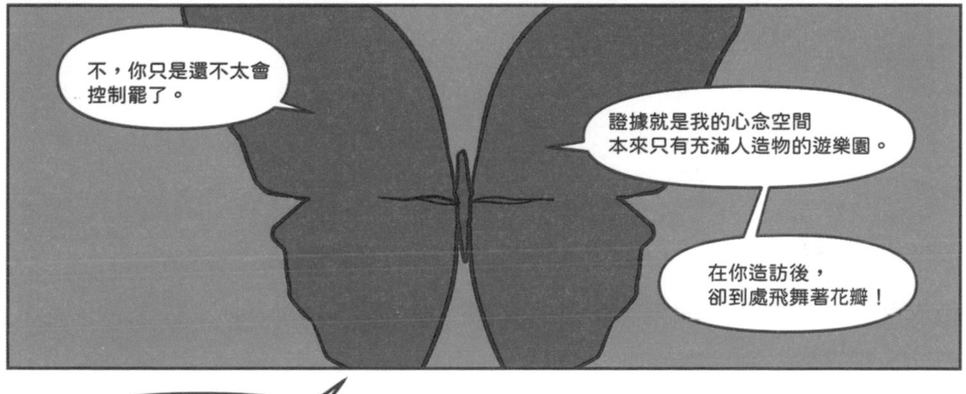
不，你只是還不太會
控制罷了。
證據就是我的心念空間
本來只有充滿人造物的遊樂園。
在你造訪後，
卻到處飛舞著花瓣！
你仔細回想，
關於課本，關於古人，
關於那些你曾經喜歡的東西，
你對它們最初的記憶是什麼？
你對它們抱持怎樣的感情？
你希望它們帶給大家
什麼感覺？

我
我覺得

那應該是
輕鬆的
快樂的
花怒放！

這是…
我的力量？
大心學弟！
學姊！
我逃出來了？
嗯，總算能和
大家會合了！
挺不錯嘛，
林大心。

哈，別滿臉敵意。
奇異老莊
這就進入解說環節。
喜歡記得訂閱按讚分享，
開啟小鈴鐺喔！

我無意傷害你們。
我眞正的目標，是到完美泡泡外的世界，
找到林建宏，讓他解除我們身上的系統命令。
我們想得到自由。
搞出那麼多事情，還不夠自由喔？
NONONO，
這場騷動只是我和夥伴合力，投機取巧鑽出的漏洞罷了！

你看，恢復聯考行動
能使社會發展停滯嘛！
所以合乎命令，
我們才有權限去執行。
但我們其實是在賭。
賭這場行動帶來的騷亂，
能夠引起注意。
一群有著進步思想和
心念能力的學生，
會為了阻止我們而站出來！

我是莊子。
但並不是西元前369年出生的那位。
那樣哪還是莊子？
別受限於有機的身體。你實際認識西元前369年出生的莊子嗎？
沒有！這裡沒一個人接觸過那個莊子。
你們現代人認識的莊子，
是從著作、言行、鄉野奇譚、穿鑿附會，
甚至是社會刻板印象，所建構出來的想像人格。
而我就是用那想像人格建構出來的仿生人。
對你們來說，我比已故的那個莊子，還要真實！

但是，我的行動
卻受限於系統命令。
我被迫為維持社會穩定而服務，
且不擇手段。
林建宏是個天才工程師；
同時也是名教育夢想家。
他認為，認識中國思想與文學
必須從人去認識。
所以我們原本的功用，
是在你爸用心念建構的世界裡
協助大家學習。
但他還來不及完成開發，
2019年世界就迎來一個超級大麻煩，
逼得他不得不親自去處理。
於是他緊急改寫命令，
讓我們轉來做維持社會安定的任務，
照顧這片隔離於災難之外的淨土。
本來的良好立意，
對我們而言卻是場悲劇。
身為一個思想家，
卻連自我詮釋也不被允許，
只能當印在課本上的可笑明星。
多麼諷刺！
就算你說要去找老爸解除命令，
我也不能把黃昏課本交給你。
因為在解除命令以前，
你還是會企圖控制社會吧？
是啊，咱們在這的
談判注定破局。

是故——
一言不合，
唯有論戰！

秦始皇
孟母

木蘭
恢復聯考大聯盟
不過是我和夥伴
做給你們的新手教學關卡。
還有更多受限於
系統命令的仿生人，
正各自策畫著
不同的維穩行動。
蒲松齡

莊子

論現實社會的手段比拼，
你們勝算渺茫！
但透過林建宏
留下的課本，
系統中樞
進到這座執念帝國，
就有機會從根本一決勝負！

如果覺得戰鬥只為社會進步太空泛，
還有個終點獎勵，是通往林建宏所在地，
也就是真實世界的鑰匙。
它就藏在我的程式碼裡。
當然，不解放我們
是沒辦法提取使用的。
能不能用新的詮釋解放我們，
停止我們繼續執行命令，
就靠你們囉？
這應該也算是一種
文史資料轉化吧？
還請當成
校園生活的一環，
好好表現喔——

跳下去…
不對，
消失了！？
沙
沙…

黃昏時不要
打開課本 03

youtuber老莊的頻道無預警關閉了。
大聯盟突然變成一盤散沙，
我的校園生活也回歸日常。

好耶，第一。
咚！
吵死了！
咦？我沒看到啦，對不起！
但妳幹嘛窩在紙箱裡啊！

葉小言雖然很安靜，
但他其實都在默默關心大家。

叩叩叩...

唉呀，大家今天
都來得很準時呢！
2019年的
世界級麻煩是什麼？
老爸實際上又在哪？
雖然很多疑問，但只有
親自去看、去思考，
才能在自己和世界之間，
建立眞正的連結。
才能使用心念的力量！
外面的眞實世界
眞的變成一片廢墟了嗎？
希望找到老爸後
他會告訴我眞正的想法，
還有我能幫上忙的地方。
幸好這群奇怪的夥伴，
願意陪著同樣有點奇怪的我，
一起找尋眞相。

那麼今天的社課，

就讓我們
來討論這學期的目標
攻略課本古人的
作戰計畫吧！
課本古人
攻略計畫

第一部完

迷漫畫 004

漫畫：Kan
原案：某狐

美術設計：Johnson
編輯助理：錢怡廷

總編輯：廖之韻
創意總監：劉定綱

法律顧問：林傳哲律師／昱昌律師事務所

出版：奇異果文創事業有限公司
地址：台北市大安區羅斯福路三段 193 號 7 樓
電話：（02）23684068
傳真：（02）23685303
網址：https://www.facebook.com/kiwifruitstudio
電子信箱：yun2305@ms61.hinet.net

總經銷：紅螞蟻圖書有限公司
地址：台北市內湖區舊宗路二段 121 巷 19 號
電話：（02）27953656
傳真：（02）27954100
網址：http://www.e-redant.com

印刷：永光彩色印刷股份有限公司
地址：新北市中和區建三路 9 號
電話：（02）22237072

初版：2021 年 9 月 30 日
ISBN：978-986-95360-0-9
定價：新台幣 300 元

文化部補助 文化部 MINISTRY OF CULTURE